Willy Hane (Herausgeber),
Anja Krauskopf und Birgit Poschmann;
Illustrationen von Babs Krüger

Mobilitätserziehung
in Kindergarten und Grundschule

Ein Ratgeber zur zeitgemäßen Verkehrserziehung
für Pädagogen und Eltern

WEKA Fachverlag für
Behörden und Institutionen

Die Deutsche Bibliothek – CIP Einheitsaufnahme

Mobilitätserziehung in Kindergarten und Grundschule:
ein Ratgeber zur zeitgemäßen Verkehrserziehung
für Pädagogen und Eltern – Bilderbuch –

Kissing: WEKA Fachverlag für Behörden und Institutionen –
Fachbuch/Bilderbuch

NE: Hane, Willy (Hrsg.); Kauskopf, Anja (Verf.);
Poschman, Birgit (Verf.); Krüger, Babs (Illustrationen)

1. Auflage 1998

ISBN 3–8275–3892–5

© by WEKA Fachverlag für Behörden und Institutionen GmbH
Römerstraße 16, 86438 Kissing,
Telefon (0 82 33) 23-444, Telefax (0 82 33) 23-132
WEKA Fachverlag Kissing; Zürich; Paris;
Mailand; Amsterdam; Wien; New York
Alle Rechte vorbehalten.
Nachdruck – auch auszugsweise – nicht gestattet.
Satz/Litho: Satzstudio 90, A. Kretschmer, 86556 Kühbach
Druck: Kessler, 86399 Bobingen
Printed in Germany
ISBN 3–8276–3892–5

Inhaltsverzeichnis

Verfasser

Oberstudienrat Willy Hane (Hrsg.)

Master of Arts in Education, Sekundarstufenlehrer II, Dipl. Sozial-
pädagoge grad., hat seit über 20 Jahren einen Lehrauftrag an
der Katholischen Fachhochschule NW/Abteilung Paderborn. Im
Fachbereich Sozialwesen beschäftigt er sich dort seit dieser Zeit
mit erziehungswissenschaftlichen Fragestellungen. Hauptamtlich
ist der Verfasser an der Fachschule für Sozialpädagogik, Marien-
schule in Lippstadt, tätig. Der Verfasser ist Gründungsmitglied
und zweiter Vorsitzender der Deutschen Flanagan-Gesellschaft.
Diese Einrichtung hat sich die wissenschaftliche Aufarbeitung des
amerikanischen Reformpädagogen E.J. Flanagan zum Ziel
gesetzt. Willy Hane arbeitet außerdem ehrenamtlich im Deutschen Zentrum für Erlebnispädagogik in Lüneburg mit. Er ist Mit-
arbeiter für vorschulische und schulische Bildung in der Schul-
abteilung der Erzdiözese Paderborn und Vorsitzender des
Dekanats-Bildungswerkes e. V. in Lippstadt.

Bisherige Veröffentlichungen:

☐ „Der erwachsene Partner in der kirchlichen Jugendarbeit"
   In: Information, H. 2/Paderborn 1968
☐ „Kleine Schule für Seminarleiterinnen und Seminarleiter"
   In: Information, H. 3/Paderborn 1968
☐ „Zur Gegenwartsbedeutung der Flanagan-Pädagogik"
   Sonderdruck, Heft 3–4, Die Heimstatt, 1983
☐ „Das Geheimnis der Menschenführung bei Don Bosco und
   Flanagan", H. 1–2, Die Heimstatt, Köln 1985

- „Ein schlechtes Kind gibt es nicht" – In: Jugendwohl, H. 8/9, 66 Jhg., Freiburg 1985
- „Geschichte der Pädagogik – Orientierungsmöglichkeit für die Gegenwart" – In: Jugendwohl, H. 7, Freiburg 1986
- „Edward Josef Flanagan – Ein Wegbereiter der modernen Erlebnispädagogik?" Verlag Klaus Neubauer, Lüneburg 1987
- „Maria Montessori – Eine Wegbereiterin moderner Erlebnispädagogik?" Verlag Klaus Neubauer, Lüneburg 1991
- „Erlebnispädagogik als Erfahrungsfeld in der Fachschule für Sozialpädagogik" – In: Zeitschrift für Erlebnispädagogik, H. 11/12, Lüneburg 1991
- „Beratungsgespräche mit Eltern bei kindlichen Verhaltensauffälligkeiten" – WEKA-Verlag, Kissing 1996 (Kindergartenwerk)
- „Beratungsgespräche mit Eltern bei kindlichen Verhaltensauffälligkeiten" – WEKA-Verlag, Kissing 1997 (Grundschulwerk)
- „Sexueller Mißbrauch an Kindern – Vorbeugen, erkennen, helfen" – WEKA-Verlag, Kissing 1997
- „Mutti, Vati, wo komme ich her?" Sexualerziehung in Familie, Kindergarten und Grundschule / Ein Ratgeber für Eltern und Pädagogen. WEKA-Verlag, Kissing 1997
- „Sexueller Mißbrauch" – In: klein & groß, Fachzeitschrift für Erzieherinnen und sozialpädagogische Fachkräfte, Luchterhand-Verlag, Berlin 3/97
- „Jugendarbeit auf wissenschaftlicher Grundlage" – In: Texte/Dokumente, Paderborn 1997 (BDKJ)

Anja Krauskopf (Dortmund)

Studentin der Diplom-Pädagogik an der Universität Dortmund (Schwerpunkt: Erwachsenenbildung). Freie Mitarbeiterin in der offenen Kinder- und Jugendarbeit. Seit 1989 als Moderatorin für Verkehrssicherheitsarbeit tätig. Mitglied im Vorschulparlament Dortmund.

Birgit Poschmann (Dortmund)

Erzieherin, verheiratet, zwei Kinder. Leiterin einer Kindertagesstätte in Lünen-Brambauer. Seit 1987 als Moderatorin für Verkehrssicherheitsarbeit tätig. Mitglied im Vorschulparlament Dortmund.

Babs Krüger (Algermissen)

Dipl. Sozialpädagogin grad., Dipl. Religionspädagogin grad., verheiratet, zwei Kinder, freischaffende Künstlerin.

Vorwort

Für viele Eltern ist das Thema „Verkehrserziehung" wenig bedeut-sam, besonders dann, wenn sie immer wieder die gleichen Ansichten darüber hören. Auch in zahlreichen Vorschuleinrichtun-gen spielt dieses Thema eine mehr oder minder untergeordnete Rolle.

Da aber immer noch viele vermeidbare Unfälle mit Kindern als Fußgänger, Radfahrer oder Mitfahrer in Autos passieren, ist es wichtig, neue Wege in der Verkehrserziehung zu gehen.

Die herkömmliche Verkehrserziehung zielte darauf ab, die Kinder an den motorisierten Verkehr anzupassen. Zeitgemäße Verkehrserziehung orientiert sich vom verkehrsgerechten Kind zum kindgerechten Verkehr, denn Sicherheit ist nicht das, was wir von Kindern verlangen können („sich sicher verhalten"). Sicherheit ist vielmehr das, was wir den Kindern geben müssen („ein sicheres Umfeld"). So fordern der Verkehrsclub Deutschland (VCD) und der Deutsche Kinderschutzbund für Kindergärten und Schulen schon länger eine viel stärkere Mobilitätserziehung, bei der Zu-Fuß-Gehen, Radfahren und die öffentliche Nutzung von Verkehrsmitteln im Mittelpunkt stehen. Mobilitätserziehung ist dabei integraler Bestandteil der Umwelt-, Gesundheits- und Sozialerziehung.

Verkehrserziehung darf sich also nicht nur auf das Verhalten von Kindern und auf ihre Anpassung an bestehende Verkehrsver-hältnisse beschränken. Sie schließt vielmehr auch die kritische Auseinandersetzung mit Erscheinungen, Bedingungen und Fol-gen des gegenwärtigen Verkehrs und seiner künftigen Gestaltung ein.

Die traditionelle Verkehrserziehung – auch Verkehrssicherheitstraining genannt – läßt diese Ziele außer acht. Sie beschränkt sich auf eine Menge von Regeln und Verhaltensvorschriften. Ängstliche Sicherheitserziehung erhöht jedoch die Unfallgefährdung.

Kinder sind öffentliche Menschen. Sie verhalten sich öffentlich, weil sie sich auf andere Kinder beziehen. Sie wollen dort sein, wo was los ist, besonders im späten Kindergarten- und im Schulalter. Kinderöffentlichkeit braucht folglich die Straße. Kinder wollen sich diesen öffentlichen Raum zu eigen machen – und das heißt Auseinandersetzung, sozial und räumlich.

Das vorliegende Sachbuch möchte auf dem Hintergrund dieser neuen Zielsetzung Anregungen und Hilfen geben. Die Bildgeschichte „Strubbel komm mit!" soll zeigen, wie Selbständigkeit und Selbstbewußtsein bei Kindern bewußt gefördert werden kann. Im didaktischen Teil dieses Sachbuches werden Voraussetzungen und Bedingungen zeitgemäßer Verkehrserziehung erläutert.

Willy Hane

Mobilitätserziehung in Familie, Kindergarten und Grundschule

Kindergarten- und Grundschulkinder nehmen bereits aktiv am Straßenverkehr teil. Deshalb ist es erforderlich, sie für diese Lebenswirklichkeit vorzubereiten und sie zu befähigen, sich darin selbstsicher und selbstbewußt zurechtzufinden.

Mit dem Eintritt in die Schule sollten Kinder darum die wichtigsten Verhaltensregeln und Fähigkeiten beherrschen, um möglichst selbständig am Straßenverkehr teilnehmen zu können. Verkehrserziehung muß schon deshalb so früh wie möglich beginnen. Sie ist eine Aufgabe von Elternhaus, Kindergarten und Schule.

Kinder im Straßenverkehr

Gefahren

„Kinder sind zu einer sicheren Teilnahme am Straßenverkehr einfach nicht in der Lage", sagt die Psychologin Ute Hammer, Pressesprecherin des Deutschen Verkehrssicherheitsrates (DVR). Diesen Satz sollten sich nach ihrer Meinung alle Autofahrer zur Erinnerung an den Rückspiegel heften. Denn sie vergessen oft, daß Kinder neugierig sind. Sie wollen alles ausprobieren, und wenn sie spielen, versinkt die Welt um sie herum. Wenn sie plötzlich etwas Interessantes auf der anderen Straßenseite entdecken – die Tante etwa, einen Spielkameraden oder einen kleinen Hund – rennen sie einfach los.

Unfallstatistik 1996

Wie das Statistische Bundesamt mitteilt, verunglückten 1996 in Deutschland 48.567 Kinder im Alter von unter 15 Jahren im Straßenverkehr; das waren 2.877 oder 5,6 % weniger als im Vorjahr. Damit kam im Durchschnitt des Jahres 1996 alle elf Minuten ein Kind im Straßenverkehr zu Schaden. 35.984 Kinder wurden leicht (−5,3 %) und 12.225 schwer verletzt (−6,3 %). Die Zahl der getöteten Kinder sank um 14 % auf 358. Im Vergleich dazu: 1991 starben in Deutschland 511 Kinder im Straßenverkehr.

Die meisten Kinder verunglückten 1996 mit dem Fahrrad (34 %), 33 % wurden Opfer von Verkehrsunfällen als Pkw-Insassen und 30 % Fußgänger. Dabei ergibt sich in den einzelnen Altersgruppen ein unterschiedliches Bild:

Es verunglückten:
- Kinder unter 6 Jahren zu 52 % im Pkw, als Fußgänger zu 34 % und zu 9,9 % als Fahrradbenutzer.
- Kinder im Alter zwischen 6 bis unter 10 Jahren zu 39 % als Fußgänger, zu 30 % als Insassen im Pkw und zu 29 % als Fahrradbenutzer.
- Kinder von 10 Jahren und mehr zu 47 % als Fahrradbenutzer, zu 26 % als Pkw-Insassen und zu 22 % als Fußgänger.

Die meisten der tödlich verunglückten Kinder waren 1996, wie in den Vorjahren, Mitfahrer in einem Pkw: 149 oder 42 % der infolge von Unfällen getöteten Kinder starben 1996 im Pkw, 118 Kinder oder 33 % als Fußgänger und 78 oder 22 % als Fahrradbenutzer.

Jungen sind nach wie vor im Straßenverkehr stärker gefährdet als Mädchen. 58 % der verunglückten Kinder waren 1996 Jungen und 42 % Mädchen. Das Unfallrisiko von Jungen war mit

415 Verunglückten je 100.000 männliche Einwohner unter 15 Jahren deutlich höher als das von Mädchen (314 je 100.000 weibliche Einwohner unter 15 Jahren). Insbesondere als Radfahrer kamen Jungen häufiger zu Schaden (Jungen: 69 %, Mädchen: 31 %). Mit 164 Verunglückten je 100.000 Jungen war das Unfallrisiko für junge Radfahrer mehr als doppelt so hoch wie für junge Radfahrerinnen (79). Auch als Fußgänger hatten Jungen (126) relativ häufiger Unfälle als Mädchen (93). Als Pkw-Insassen waren dagegen Mädchen (130) etwas häufiger betroffen als Jungen (110).

In Brandenburg verunglückten mit 533 die meisten Kinder je 100.000 Einwohner unter 15 Jahren. In Sachsen-Anhalt waren es 491 und in Mecklenburg-Vorpommern 490. Das niedrigste Unfallrisiko für Kinder bestand in Baden-Württemberg (264) und Hessen (302).

Die Kleinen erleben die Welt und den Straßenverkehr anders als Erwachsene; weil sie nicht immer zwischen Phantasie und Wirklichkeit unterscheiden können, haben die Autos für sie „Gesichter". Außerdem meinen viele Kinder, die Autos genau zu kennen, weil sie im Kleinformat als Spielzeuge ihre Zimmer füllen. Warum sollten sie vor ihnen Angst haben?

Zudem erleben die Kleinen als Mitfahrer im Wagen der Eltern oder Bekannten das Fahrzeug ganz positiv. Es ist ein Raum der Geborgenheit, in dem man spielen und essen kann, von wo aus es etwas zu sehen gibt und mit dem man zu schönen Orten wie Schwimmbad, Erlebnispark oder Zoo gelangt.

Verkehrserziehung in Elternhaus, Kindergarten und Grundschule

Entwicklungspsychologische Hinweise

Körperliche Voraussetzungen

Schon die geringe Körpergröße und Schrittlänge läßt Kinder im Straßenverkehr anders auftreten als Erwachsene. Kinder haben ihre Bewegungen noch nicht unter Kontrolle und reagieren oft impulsiv. Es fällt ihnen schwer, mehrere Dinge gleichzeitig zu tun.

Körperwachstum

- Wegen seiner geringen Körpergröße sieht das Kind die Welt anders als Erwachsene.
- Vom gleichen Standort aus betrachtet, haben viele Gegenstände für das Kind ganz andere Größen und Perspektiven und wirken beherrschend und angsteinflößend bzw. nehmen einfach die Sicht weg.
- Aus diesem Grund bereitet es dem Kind mehr Schwierigkeiten, einen Überblick über die Situation zu gewinnen. Es kann nicht über parkende Autos hinwegsehen. Das Kind sieht weniger und wird weniger gut gesehen als erwachsene Personen.
- Mit ihren kurzen Beinen machen Kinder nur halb so große Schritte wie Erwachsene, d. h. sie benötigen mehr Zeit, um die gleiche Strecke zurückzulegen. Bei der Fahrbahnüberquerung bleiben sie somit länger im gefährlichen Raum.

- Bis zum Schuleintritt liegt der Körperschwerpunkt bei Kindern deutlich höher als bei Erwachsenen. Kinder können vor allem beim schnellen Laufen und an Unebenheiten (Bordstein) eher das Gleichgewicht verlieren.

Bewegungskontrolle

- Kinder können ihre Bewegungsabläufe noch nicht so steuern wie es normalerweise Erwachsene können.
- Kinder im Vorschulalter können einmal begonnene Bewegungsabläufe häufig nicht unterbrechen oder kontrollieren. Weiterbewegen hat Vorrang vor Stoppen, Geradeausschauen Vorrang vor Rechts- oder Linksorientierung.
- Kinder reagieren langsamer als Erwachsene und lassen in der Regel ihren Lauf auspendeln.
- Laufen und Sehen sind beim Kleinkind stärker aneinandergebunden als beim Erwachsenen. Das Kind kann geradeaus schauen und laufen, aber schlechter als Erwachsene geradeaus laufen und dabei nach links und nach rechts schauen. Dazu bleibt es entweder stehen oder es ändert die Laufrichtung. Das gilt auch für das Fahrradfahren.

Bewegungsdrang

- Kinder müssen sich bewegen. Bewegung fördert, weit über das Motorische hinaus, die geistig-seelische Entwicklung. Sich Bewegen erweitert den Horizont, stärkt das Selbstvertrauen und schafft Beziehungen zu den Mitmenschen. Kinderwelt ist Bewegungswelt, die sich im Spannungsfeld zwischen Wollen und Können abspielt.
- Ab etwa dem 5. Lebensjahr kann bei Kindern ein besonders starker Bewegungsdrang beobachtet werden.

- Dieser Bewegungsdrang entsteht zum einen durch die Anpassungsleistung an die fortwährende Veränderung der kindlichen Proportionen, zum anderen durch die Spannung nach längeren Phasen der Bewegungsarmut in Wohn- oder Spielräumen.
- Besonders nach Kindergarten- oder Schulschluß ist der Bewegungsdrang der Kinder besonders ausgeprägt.
- Weil es im Alltag und im Wohnumfeld an ausreichenden Bewegungsmöglichkeiten fehlt, registrieren Fachleute schon seit Jahren eine Zunahme besonders grobmotorischer Bewegungsstörungen (Zappeligkeit, Nervosität) bei Kindern und Jugendlichen.

Geistige Verarbeitung und Verhalten

Das kindliche Denken und Handeln ist „ichbezogen" und stark von augenblicklichen Gefühlen geprägt. Kinder können sich nicht in andere Verkehrsteilnehmer hineinversetzen und Geschehensabläufe gedanklich vorwegnehmen. Weiterhin können sie nicht zwischen Sehen und Gesehenwerden unterscheiden. Mit diesen Verhaltensweisen sind Kinder im Straßenverkehr, der vernünftige Entscheidungen und die Einordnung unter Zurückhaltung der eigenen Ansprüche fordert, insgesamt vielfältigen Gefahren ausgesetzt.

Egozentrisches Denken und Handeln

- Kinder sehen die Verkehrswelt noch aus ihrer je eigenen Perspektive. Sie reagieren spontan und ichbezogen. Sie selbst stehen im Mittelpunkt ihrer Welt und handeln ohne Rücksicht auf objektive Gegebenheiten.

- Ein Kind denkt und handelt. Das heißt, es erlebt seine Umwelt vorwiegend im Hinblick auf seine eigenen Wünsche und Bedürfnisse.
- Eine Sache ist nur dann interessant, wenn sie die kindlichen Wünsche und Bedürfnisse befriedigt. Der Straßenverkehr ist demnach für Kinder uninteressant.
- Weil für Kinder nur die eigene Sichtweise existiert, ist es für sie auch schwer oder unmöglich, Situationen und Ereignisse aus der Sicht eines anderen zu erleben und deren Verhalten vorauszusehen.

Das Denken der Kinder ist vom Augenblick bestimmt. Eine Voraussage über die Entwicklung einer Verkehrssituation ist ihnen kaum möglich.

- Folglich unterscheiden Kinder auch nicht zwischen Sehen und Gesehenwerden. Wenn Kinder zwischen Sichthindernissen auf die Fahrbahn treten, vermuten sie, daß der Autofahrer sie sieht, weil sie ihn ja auch sehen.

Aufmerksamkeit

- Die Kinder dieser Entwicklungsphase setzen Sehen und Gesehenwerden gleich: Beispielsweise schauen sie am Straßenrand nach links und rechts und überqueren trotz herannahender Fahrzeuge die Straße in der Annahme, der Fahrer habe sie gesehen. Sie überschätzen in solchen Situationen das Fahrvermögen und die technischen Möglichkeiten. Nach ihrer Meinung kann ein Auto auf der Stelle anhalten.
- Aufmerksamkeit ist immer zeitlich begrenzt. Kindern im Vorschulalter gelingt Konzentration auf eine sie nicht interessierende Sache nur äußerst selten. Erst Kinder im Alter von fünf

bis sieben Jahren beginnen, ihre Aufmerksamkeit bewußt für längere Zeit auf Objekte zu richten, auf die sie sich konzentrieren sollen.

- Kinder unter neun Jahren sind kaum in der Lage, sich auf zwei oder mehr Dinge gleichzeitig zu konzentrieren. Deshalb kann ein Kind, das beispielsweise mit einem Ball spielt, nicht gleichzeitig an den Straßenverkehr denken.

- In komplexen Situationen sind Kinder überfordert, da sie nicht imstande sind, gleichzeitig von mehr als einer Seite drohende Gefahren einzuschätzen.

- Die Aufmerksamkeit von Kindern richtet sich oft auf nicht verkehrsbezogene Objekte, die ihnen interessanter erscheinen als Fahrzeuge.

- Kinder vermischen oft Phantasie und Wirklichkeit. Zur Beurteilung des Straßenverkehrs mit seinen gefährlichen Situationen ist aber eine realistische Einschätzung notwendig.

- Zum Beispiel bei der Fahrbahnüberquerung: Kinder müssen dabei den Verkehr beobachten und eine Entscheidung fällen, wann der richtige Zeitpunkt für die Überquerung gekommen ist.

- Das periphere Sehen dieser Kinder ist noch nicht so weit entwickelt, daß sie ein den Erwachsenen vergleichbares Sehfeld überblicken können. Kindern fällt es schwer, Entfernung und Geschwindigkeit eines herannahenden Fahrzeuges richtig einzuschätzen.

- Das Hörvermögen und die Wahrnehmung akustischer Signale ist, wenn keine krankhaften Beeinträchtigungen vorliegen, gut entwickelt. Bereits kleine Kinder können laute und leise akustische Signale unterscheiden und lokalisieren. Sie sind fähig, einfache Geräusche den Gegenständen zuzuordnen, welche diese erzeugen. Die Bedeutung einzelner Signale, beispielsweise das Hupen eines Autos als „Vorsicht!" zu verstehen, muß jedoch erst noch schrittweise erlernt werden.

- Emotionale Antriebe überlagern sehr häufig noch andere Beweggründe. Das Geschäft auf der gegenüberliegenden Straßenseite, der Freund auf dem Gehweg gegenüber, liegt im Augenblick im Zentrum des Interesses, das herannahende Auto ist jedoch u. U. Nebensache.
- Psychische Einflüsse beeinflussen das Verhalten der Kinder und können einen Erregungszustand bewirken, der es ihnen schwer macht, andere objektive Gegebenheiten ihrer Umwelt richtig wahrzunehmen.

Ungeduld

- Kinder können nicht lange warten.
- Wenn Kinder z. B. den Entschluß gefaßt haben, die Fahrbahn zu überqueren und dann lange warten müssen, kann das zu unkontrolliertem Verhalten führen.

Gefahrenbewußtsein

- Kinder in diesem Alter haben noch kein ausgeprägtes Gefahrenbewußtsein.
- Gefahren im Straßenverkehr können sie daher schlecht erkennen; sie erleben gefährliche Situationen häufig als ungefährlich.
- Vor allem jüngeren Kindern fehlt die Fähigkeit, Gefahren einer Verkehrssituation vorauszusehen oder Ursachen- und Wirkungszusammenhänge zu bedenken.

Elterliche Verkehrserziehung

Kinder machen an der Hand ihrer Eltern erste Erfahrungen im Straßenverkehr. Deren praktisches Verhalten wirkt als Modell. Die Eltern können den Kindern grundlegende Einsichten und Verhaltensmuster (Fußgängerüberweg, Ampel) vermitteln, nach denen sich diese dann richten, wenn sie allein unterwegs sind. Die Verantwortung der Eltern für ein situationsgerechtes Verhalten der Kinder ist deshalb sehr groß.

Konkrete Ziele

- Die Eltern sind für Kinder die wichtigsten Personen, deren Verhalten nachgeahmt wird. Es ist daher außerordentlich wichtig, daß die Eltern ein gutes Vorbild sind.
- Auch sonst ist Verkehrserziehung in erster Linie Sache der Eltern. Sie können schon sehr früh damit beginnen, indem sie den Spiel- und Radfahrbereich sinnvoll eingrenzen und die Einhaltung der Grenzen auch kontrollieren.
- Dabei müssen sie Gefahren am konkreten Beispiel aufzeigen sowie das Verhalten anderer Verkehrsteilnehmer als richtig oder falsch einstufen und erklären.
- Verkehrserziehung sollte im unmittelbaren, dem Kind vertrauten Wohnumfeld beginnen; später sind die Wege zum Kindergarten, zur Schule oder zum Einkaufen miteinzubeziehen.
- Verkehrserziehung sollte kindgemäß und spielerisch gestaltet werden.
- Radfahrende Kinder müssen besonders in das Verkehrsgeschehen eingeübt werden. Beim Radfahren sind neben der Fahrradbeherrschung und den notwendigen Kenntnissen der Verkehrsregeln besondere Maßnahmen zu beachten, die die höhere Geschwindigkeit berücksichtigen.

Vorbild der Eltern

Mit dem Üben sollte so früh wie möglich begonnen werden –
sobald die Kinder laufen können. Dann lernen sie zunächst Gehweg und Straße zu unterscheiden. Sie üben das Anhalten am
Bordstein, bevor sie eine Straße überqueren. Auch schwierigere
Aufgaben – etwa zwischen zwei Autos über die Straße zu gehen
– gehören dazu. Das richtige Verhalten an Ampeln und Zebrastreifen sollten Eltern ihren Kindern realitätsbezogen vormachen.
Alle Übungen müssen so angelegt sein, daß sie auf den alltäglichen Wegen zum Einkaufen oder beim Spaziergang eingefügt
werden können.

Wichtig ist es, über einen längeren Zeitraum häufig, aber
immer nur in kurzen Einheiten, zu lernen. Auch wenn die Kinder
schon oft geübt haben, dürfen sie nicht zu früh im Verkehr allein
gelassen werden. Vor allem das Radfahren sollten Eltern möglichst lange hinausschieben, i.d.R. bis zur Einschulung in die
Grundschule. Im Straßenverkehr müssen Erwachsene immer Vorbild sein, weil die Kinder ihnen alles nachmachen. Darüber sollte
man sich vor einer scheinbar ewig roten Fußgängerampel stets
bewußt sein.

Wichtige Leitlinien für Eltern

■ Eltern können nicht früh genug mit der Verkehrserziehung
   beginnen. Möglichst immer dann, wenn sie mit ihrem Kind
   am Straßenverkehr teilnehmen (und nicht erst, wenn das
   Kind zur Schule kommt).
■ Praktisches Üben im Straßenverkehr ist durch nichts, durch
   keine noch so ausgetüftelte Lernmethode, zu ersetzen.
■ Eltern können vom Kleinkind- bis zum Schulalter immer
   wieder das richtige Verhalten im Straßenverkehr üben. Nur
   durch dauernde Wiederholung wird das geübte Verhalten zu

stetigem Verhalten, das sich dann auch außerhalb von Übungssituationen zeigt.

■ Eltern können individuell mit ihrem Kind üben. Sie nehmen dabei Rücksicht auf die Entwicklung, die Stimmung und die besonderen Eigenheiten und Fähigkeiten ihres Kindes.

■ Eltern können in der direkten Wohnumgebung üben. „Vor der Haustür" verunglücken bekanntlich die meisten Kinder.

■ Kleine Kinder lernen durch Nachahmung, besonders der eigenen Eltern. Die Beziehung zwischen dem Kleinkind und seinen Eltern ist von größerer Bedeutung für die Entwicklung der Lernbereitschaft als jeder andere Erziehungseinfluß außerhalb der Familie. Deshalb gehört die Verkehrserziehung in die Familie und ist untrennbar mit dem alltäglichen Zusammenleben zwischen Eltern und Kind verbunden.

Was können Erwachsene sonst noch tun?

Erwachsene können noch viel tun, um die Gefahren für die Kinder im Straßenverkehr zu mindern. Wichtig ist die Rücksichtnahme auf völlig andere Verhaltensweisen von Kindern. Die Gründe dafür liegen aber auch in der Entwicklung der Kinder.

Durch Ihr gutes Vorbild helfen Sie den Kindern, sich vor Gefahren zu schützen. Niemals bei „Rot" über die Straße, immer „Halt" am Bordstein, zwischen parkenden Autos nochmals an der „Sichtlinie" stehenbleiben, am Zebrastreifen erst deutlich in beide Richtungen schauen. Gurten Sie sich selbst im Auto immer an. Zeigen Sie sich partnerschaftlich mit anderen Verkehrsteilnehmern.

Wichtige Ratschläge

- Noch einmal: Kinder brauchen unsere Rücksicht, denn sie verhalten sich unberechenbar.
- Seien Sie immer Vorbild, den eigenen wie auch anderen Kindern gegenüber.
- Verhalten Sie sich als Autofahrer, aber auch mit dem Rad oder als Fußgänger immer aufmerksam und defensiv.
- Lassen Sie Ihr Kind nur in einem festgelegten, gesicherten Bereich spielen.
- Üben Sie mit dem Kind von klein auf richtiges Verhalten im Straßenverkehr, das kann auch spielerisch geschehen.
- Achten Sie darauf, immer in kleinen Schritten zu üben und Ihr Kind nicht zu überfordern.
- Lassen Sie Ihr Kind nicht zu früh im Straßenverkehr allein, wie sicher es auch schon zu sein scheint.
- Zögern Sie das Radfahren so lange wie möglich hinaus. Wenn Sie Ihr Kind radfahren lassen, dann vorerst nicht in der Nähe des motorisierten Verkehrs.
- Gewöhnen Sie Ihr Kind an den Fahrradhelm schon dann, wenn Sie es auf Ihrem Fahrrad mitnehmen.
- Sichern Sie Ihr Kind im Auto immer mit dem passenden Rückhaltesystem.

Verkehrserziehung in Kindergarten und Grundschule

Verkehrserziehung in Kindergarten und Grundschule ist Bestandteil der pädagogischen Arbeit und zielt auf
- die Differenzierung der akustischen und optischen Wahrnehmung,
- die Übung und Beherrschung der Fein- und Grobmotorik,
- das soziale Lernen und auf
- die schrittweise und kindgemäße Einführung in das Verkehrssystem und den Verkehrsalltag.

Konkrete Ziele

- In Kindergarten und Grundschule muß die elterliche Verkehrserziehung fortgesetzt und ergänzt werden. Das Gruppenerlebnis verstärkt das Lernverhalten der Kinder.
- Lernziel ist die Steigerung der Wahrnehmungsfähigkeit und das Einüben von Reaktionen.
- Als praktischer Übungsraum ist der Einzugsbereich von Kindergarten und Grundschule grundsätzlich geeignet.
- Durch Elternbildungsveranstaltungen werden die Eltern auf die Aufgabe der Verkehrserziehung vorbereitet und auf die besonderen Probleme von Kindern eingestimmt.

Unterstützende und ergänzende Funktion

Den Erziehern in Kindergarten und Grundschule kann die Verantwortung für praktische Übungen in realen Verkehrssituationen allein nicht übertragen werden. Die Eltern selbst müssen daher richtiges Verhalten in typischen Situationen (Anlaß: Der Weg zum Kindergarten, zur Schule, zum Metzger, zum Bäcker...) einüben. Der Erzieher wiederholt und unterstützt diese Erfahrungen, indem er bestimmte Situationen, Erlebnisse der Kinder aufgreift und modellhaft richtiges Verhalten einübt.

Insgesamt gesehen unterstützen Kindergarten und Grundschule die Kinder auf dem Wege zu einem verkehrsgerechten Verhalten. Sie geben dabei hauptsächlich Impulse, welche die Wahrnehmung, die Motorik, die soziale, emotionale und kognitive Entwicklung der Kinder fördern.

Außerdem ist es erforderlich, in Arbeitsgruppen während eines Elternabends, durch Elternbriefe, durch Einzelgespräche, durch Literaturhinweise oder Empfehlung von Fernsehsendungen den Eltern Anregungen zu geben, wie sie sich selbst verkehrsgerecht verhalten und wie sie die Bemühungen von Kindergarten und Grundschule in diesem Anliegen unterstützen können. Dabei werden die Eltern mit Situationen im Straßenverkehr vertraut gemacht, die für ihr Kind gefährlich sind. Sie erfahren, wie – wenig angepaßt – sich Kinder aufgrund ihrer Entwicklungsvoraussetzungen im Straßenverkehr bewegen und deshalb gefährdet sind; sie erhalten praktische Hinweise, wie sie außerhalb von Kindergarten und Grundschule verkehrsgerechtes Verhalten ihrer Kinder fördern können. Im Einzelfall kann der Erzieher gemeinsam mit den Eltern individuelle Hilfen beraten und begleitend durchführen.

Verkehrserziehung im Kindergarten

In der alltäglichen Kindergartenarbeit ergeben sich zahlreiche Lernanlässe zum Thema Verkehr in unterschiedlichen Situationen.

Übungen und Spiele zu Grundfertigkeiten

Hier geht es um die Förderung der Bereiche Wahrnehmung (z. B. Farben und Formen kennenlernen, Geräusche unterscheiden und lokalisieren), kognitive Entwicklung (z. B. Begriffsbildung: links –

rechts, Entfernung, Geschwindigkeit …, vorausschauendes Denken, speziell Vorhersehen von Gefahren, räumliches Vorstellungsvermögen), motorische Fertigkeiten (Verbesserung des Bewegungsgeschicks und der Bewegungssicherheit sowie des Reaktionsvermögens).

Durch diese selbständigen Teile der Kindergartenarbeit werden wichtige Grundlagen zur Bewältigung von Verkehrssituationen gelegt.

Aufbau von Sozialverhalten und sozialem Verständnis

Es ist wichtig, Kindern verständlich zu machen, daß auf der Straße unterschiedliche Interessen aufeinandertreffen und daß dieses Aufeinandertreffen geregelt werden muß, um Gefahren für die Beteiligten zu vermeiden. Die Kinder müssen erkennen, welche Rollen die verschiedenen Verkehrsteilnehmer spielen und wie es zu Konflikten zwischen ihnen kommen kann. Ansatzweise sollten sie auch erfahren, wie sie selbst zur Vermeidung von Konflikten beitragen können. Das gilt besonders für solche Konflikte, die durch wenig vorbildhaftes Verhalten Erwachsener dem Kind gegenüber entstehen (etwa Nichtbeachtung der Rotphase an der Ampel). Solche Erfahrungen können in Rollenspielen bewußt gemacht werden, in denen die Kinder ihre eigene Rolle erproben und lernen, sich in andere Verkehrsteilnehmer hineinzuversetzen. Die Übungssituationen sollten dabei mit den Realsituationen übereinstimmen.

Beobachtungen und praktische Übungen der Verkehrswirklichkeit

Bei Beobachtungsgängen nehmen die Kinder Verkehrssituationen bewußt wahr. Bei Exkursionen und gemeinsamen Erkundungen ergeben sich auch für den Kindergarten gezielte Übungsmöglichkeiten in alltäglichen Verkehrssituationen. Dabei sollten vor allem solche Situationen berücksichtigt werden, mit denen die meisten Kinder täglich konfrontiert werden.

Zu beachten ist, daß sich Autofahrer angesichts einer großen Kindergruppe oft nicht verkehrsgerecht verhalten. Die Übungsangebote werden also um so realitätsgerechter ausfallen, je weniger Kinder teilnehmen. Erzieherinnen, Eltern und eventuell die Polizei sollten dabei Aufsicht führen und zur Sicherung beitragen.

Umsetzung von Erlebnissen im Straßenverkehr

In Gruppengesprächen, beim Malen, Basteln und Spielen können Erlebnisse und Beobachtungen der Kinder aufgegriffen und vertieft werden. Dieser Aspekt der Verkehrserziehung wird sehr häufig überschätzt, denn es gibt nur wenige Verkehrsregeln und noch weniger Verkehrszeichen, die Kinder im Vorschulalter kennen müssen. Es ist den Kindern nicht möglich, abstraktes Wissen in Verhalten umzusetzen. „Lernen durch Tun" muß daher die Devise sein! Anläßlich von Ausflügen, Beobachtungs- und Erkundungsgängen lernen die Kinder praxisnah und handlungsorientiert. „Verkehrsspiele" in der Kindergartengruppe können unterstützend eingesetzt werden.

Kooperation aller Beteiligten

Die Mitarbeit der Eltern und die Zusammenarbeit zwischen Eltern und Erzieher bzw. Eltern und Lehrpersonen ist in diesem Zusammenhang besonders wichtig. Die pädagogischen Bemühungen in Kindergarten und Schule müssen durch entsprechende Verhaltensweisen des Elternhauses in Verkehrssituationen unterstützt und begleitet werden.

Verkehrserziehung in der Grundschule

Konkrete Ziele

- Mit Beginn der Schulpflicht der Kinder wird die Verkehrserziehung auch in den Schulen geleistet.
- Ziele der schulischen Verkehrserziehung sind:
  - Entwicklung der Wahrnehmungsfähigkeit und des Reaktionsvermögens,
  - Fächerübergreifende Mobilitätserziehung,
  - Wissens- und Einstellungsvermittlung,
  - Einübung verkehrspraktischer Fähigkeiten,
  - Hinführung zu sozialem und partnerschaftlichem Verhalten,
  - Vermittlung von Zusammenhängen der Verkehrswirklichkeit.
- Die Radfahrausbildung findet in der 3. und 4. Klassenstufe statt. Vielerorts ist sie schon auf die 1. und 2. Klassenstufe erweitert worden. Damit wird der Tatsache Rechnung getragen, daß zunehmend Kinder mit dem Rad zur Schule fahren und außerhalb der Schulwege mit dem Fahrrad am Straßenverkehr teilnehmen.
- Die jahreszeitlichen Probleme werden ebenso berücksichtigt wie die unterschiedlichen Arten der Verkehrsteilnahme.
- Der Unterricht wird gegebenenfalls durch die Polizei ergänzt.
- Schulische Verkehrserziehung sollte neben der Sicherheitserziehung auch die Sozial-, Gesundheits- und Umwelterziehung angemessen einbeziehen.
- Ökologische Aspekte erhalten zunehmend größeres Gewicht in der Verkehrserziehungsarbeit der Schulen (z. B. Benutzung öffentlicher Verkehrsmittel).
- Der Einsatz freiwilliger Schüler- und Elternlotsen ist Bestandteil der Schulwegsicherung und der Sozialerziehung.

Didaktische und methodische Hinweise

Die nachfolgenden didaktischen und methodischen Hinweise sollen zeigen, wie die für ein angemessenes Verhalten im Straßenverkehr wichtigen Fähigkeiten im Bereich der Wahrnehmung, der Motorik, des Sozialverhaltens und der Kognition spielerisch gefördert werden können.

Besonders das Spiel und verschiedene Spielformen enthalten vielfältige Möglichkeiten, die visuelle und akustische Wahrnehmung der Kinder zu fördern.

Visuelle Wahrnehmung

Bilderbücher, Bildgeschichten fördern insbesondere die visuelle Wahrnehmung und machen die Kinder zunehmend empfindsam. Die Beobachtung von Vorgängen, etwa bei der Durchführung einfacher Versuche, schärft den Gesichtssinn und vermittelt den Kindern zunehmend Handlungskompetenz.

Raumwahrnehmung, Motorik und Bewegung

Spielerische Übungen zur Verbesserung der Raumwahrnehmung und der Wahrnehmung von Raumlagebeziehungen bieten insbesondere die rhythmisch-musikalische Erziehung und die Bewegungserziehung. Die rhythmisch-musikalische Erziehung und die Bewegungserziehung differenzieren außerdem die Motorik und fördern die Beweglichkeit.

Regeln und Normen

Soziales Lernen in bestimmten Spielen und Spielformen fördert die Rücksichtnahme, Selbstbeherrschung und das Verständnis für

Regeln im Umgang mit den anderen. Kinder lernen hier Normen zu akzeptieren, welche den Normen der Erwachsenenwelt entsprechen und dort lebensnotwendig sind. Z. B. das eigene Verhalten und die Absicht anderer in Beziehung zu setzen und entsprechend zu handeln, das Recht anderer zu achten; sich in schwierigen Situationen zu helfen wissen, z. B. die Polizei als Helfer, telefonieren können, Erwachsene um Rat und Hilfe bitten.

Komplexe Wahrnehmung

Die unmittelbare Begegnung mit den Gegenständen der Umwelt sowie der handelnde Zugriff durch Begreifen, Probieren, Verändern, die Darstellung von Eindrücken und Erlebtem im Ausdrucksspiel, durch Malen und Zeichnen sowie durch Sprache fördert nicht nur die Denkfähigkeit, sondern ermöglicht es den Kindern auch, die komplexe Umwelt aufzuschlüsseln und in kleinen Schritten immer besser zu verstehen. Sie lernen, Teile eines Ganzen zu beachten und wesentliche Vorgänge von unwesentlichen zu trennen.

Verkehrsgerechtes Verhalten

Bestimmte Ereignisse (Wasserrohrbruch – Baustelle versperrt den Gehweg), Erkundungen (Besuch einer öffentlichen Einrichtung), Erlebnisse der Kinder (Verkehrsunfall in der Straße) nutzt der Erzieher, um mit den Kindern verkehrsgerechtes Verhalten zu üben und exemplarische Informationen über Verkehrsmittel, Verkehrswege, Verkehrsregelungen und Verkehrsteilnehmer zu vermitteln. Kinder spielen häufig mit Spielfahrzeugen aller Art, bauen Straßen und spielen im Rollenspiel Verkehrssituationen nach. Auch hier ergeben sich viele Möglichkeiten, auf reale Situationen und richtiges Verkehrsverhalten hinzuweisen. Im Freien oder im Gruppenraum können im Modell Verkehrssituationen, welche die Kinder erlebt haben, nachgestellt und richtiges Verhalten geübt werden; beispielsweise werden in der Raummitte oder auf dem Bauteppich Gehweg, Bordsteinkante, Fahrbahn und Verkehrszeichen ausgelegt. Die Kinder simulieren richtiges Verkehrsverhalten und korrigieren sich gegenseitig. Oder: Kinder aus einer Straße bauen in der Bauecke ihren Weg zum Kindergarten nach (mit Häusern, Straßen, Ampeln, Unterführungen etc.). Sie zeigen ihren Weg zum Kindergarten. Der Erzieher fragt an gefährlichen Stellen nach: „Wie gehst du über diese Straße?" „Was beachtest du besonders?" Während des Bauens kann der Erzieher Kinder beobachten und erhält Hinweise auf markante Punkte, welche ihnen wichtig erscheinen und an welchen sie beispielsweise die Straße überqueren. Dadurch, daß einzelne Kinder Verkehrssituationen und ihr Handeln darstellen, lernen die anderen, sich in jene hineinzuversetzen und ihre Umgebung differenziert wahrzunehmen.

Grundlegende didaktische Prinzipien

Die hier dargestellten Grundsätze werden von übergeordneten didaktischen Prinzipien bestimmt, die, unabhängig von der Wahl der einzelnen Methode, bei jedem Lehren und Lernen Bedeutung haben. Diese sollen im folgenden – in Anlehnung an S. Warwitz – kurz dargestellt werden:

Das Prinzip Kind-, Entwicklungs- oder Altersgerechtigkeit

Das Kind lernt anders als der Jugendliche oder der Erwachsene. Es muß daher in jedem Entwicklungsabschnitt angemessen, d. h. seiner zunehmenden Reife entsprechend, angesprochen werden. Das anfänglich ausschließlich auf spielerische Handlungen ausgerichtete Interesse macht auch beim Thema „Verkehr" mehr und mehr Erwartungen Platz, Probleme diskutieren, mitentscheiden und mitgestalten zu können.

Das Prinzip Ganzheitlichkeit

Das Denken des Kindes verläuft noch nicht fachlich. Es ist noch nicht auf bestimmte Sachperspektiven verengt. Die Schule vermittelt allmählich die für höhere Wissens- und Könnensansprüche notwendige Spezialisierung. In den ersten Schuljahren wird im wesentlichen „vorfachlich", d. h. ganzheitlich, unterrichtet: Handelnde, erlebende, reflektierende Lernphasen greifen ineinander, um dem noch wenig differenzierten Lernbedürfnis eine möglichst breite Basis zu schaffen. Es sollen möglichst viele Lernpotenzen mobilisiert werden. Das Kind lernt nach Pestalozzi mit „Kopf, Herz und Hand".

Das Prinzip Anschaulichkeit

Die Bedeutung der Wahrnehmung für das Lernen des Kindes legt es nahe, den Lernstoff so aufzubereiten, daß er vor allem visuell aufnehmbar wird. Verkehr kann vor Ort, bei Beobachtungen vom Spielplatz, von einer Brücke, vom Auto aus anschaulich werden. Anschauung kann aber auch durch Medien (Filme, Fotos, Bilder, Zeichnungen, Skizzen etc.) vermittelt werden. Trickfilme und zeichnerische Nachbildungen haben dabei oft einen höheren Anschauungswert als Realbeobachtungen, weil sie die verwirrende Fülle von Eindrücken filtern und auf die Erlebnisweise des Kindes zuschneiden. Aus diesem Grunde bevorzugen Vorschulbücher und ABC-Fibeln statt Fotos meist kindgemäße Nachbildungen.

Das Prinzip Vorbildwirkung

Die ganzheitliche Auffassungsweise und die hoch entwickelte visuelle Aufnahmefähigkeit ermöglichen es dem Kinde, relativ komplexe Situationen und Vorgänge (z. B. Unfallszenen) auf

Anhieb zu erfassen. Man spricht vom sogenannten „Adhoc-Lernen". Diese Fähigkeiten begünstigen auch das von Kindern häufig von sich aus praktizierte Imitationslernen (Modellernen, Vorbildlernen). Kinder ahmen sowohl positives wie negatives Verkehrsverhalten nach. Erwachsene Vorbilder und von ihnen vor allem diejenigen mit der höchsten emotionalen Bindung an das Kind (z. B. die Eltern), erzielen dabei den stärksten Nachahmungseffekt.

Das Prinzip der Teilschritte

Methodisches Vorgehen muß grundsätzlich vom Leichten zum Schwierigen, vom Einfachen zum Komplexen, vom Bekannten zum Unbekannten fortschreiten. Das Kind muß auch im Verkehrserleben bei seinen Erfahrungen abgeholt werden, bevor Neues präsentiert, Erwachsenenverhalten angeeignet werden kann. Die Größe der Lernschritte und die Schnelligkeit des Vorgehens hängen dabei von den Lernfähigkeiten des Kindes und dem didaktischen Vermögen des Erziehers ab. Vor der Radfahrerausbildung sollte zunächst eine gute Fußgängerausbildung erfolgen.

Das Prinzip Wiederholung und Variation

Es genügt im Verkehrsbereich nicht, eine Grundausrüstung an Regelkenntnissen und neuen Handlungsstrukturen zu vermitteln. Wenn Wissen und Können nicht immer wieder angewendet werden, bleibt ihre konkrete Umsetzung unsicher, ihr Nutzen fraglich. Wiederholtes Praktizieren von neu angeeigneten Verhaltensmustern festigt ihr Profil und ermöglicht die Realisierung. Methodisch setzt der Erzieher an die Stelle der Wiederholung die Variation ähnlicher Übungsformen. Die Benutzung einer Verkehrsampel kann z. B. an verschiedenen Stellen geübt, die Straßenüberquerung zwischen verschiedenen Fahrzeugen geprobt werden. So können Eintönigkeit und Langeweile vermieden werden, der Reiz des Neuen bleibt erhalten.

Das Prinzip Selbsttätigkeit

Lernen durch Tun. Nach diesem Prinzip sollte das Kind eigenständig und aktiv lernen, sich seine Lernergebnisse selbst erarbeiten, sollte es Problemlösungen selber finden dürfen. Das produktive Schaffen eigener Lernerfahrungen ist von stärkeren Emotionen getragen als das bloße Aufnehmen bereitgestellter Lernergebnisse. Kreatives Handeln ist zwar oft mühsamer, setzt aber mehr Lernkräfte frei als die Übernahme fremder Vorgaben. Eigene Problemlösungen werden als befriedigender, das Selbstbewußtsein fördernder empfunden als Fremdlösungen. So können selbstgewonnene Einsichten als wertvoller und meist auch dauerhafter bezeichnet werden.

Das Prinzip Sicherheit

In der Verkehrserziehung gilt es, das Prinzip der Sicherheit grundsätzlich zu beachten. Das Experimentieren mit Fahrzeugen und Verkehrsregelungen, der legitime Drang nach Abenteuerreizen, Risiko und Bewährung oder die Fertigkeitsprüfungen im Verkehr dürfen den Schutzfaktor natürlich nicht außer acht lassen. Das Prinzip Sicherheit darf aber auch nicht zu engherzig und ängstlich ausgelegt werden. Sicherheitsdenken darf nicht zu „Sicherheit um jeden Preis" entarten, d. h. die notwendige Förderung der Entwicklungs- und Lernphasen verhindern. Kinder und Jugendliche brauchen Freiräume für eigenes Erkunden, für Entscheidungen und die Übernahme von Verantwortung. Ein übermäßiges Sicherheitsdenken würde diese Räume entwicklungsschädlich verengen. Verkehrserziehung sollte jedoch nicht nur objektiv Schutz und Sicherheit gewähren. Sie muß darüber hinaus Ängstlichen auch subjektiv ein solides Gefühl der Sicherheit und Beherrschbarkeit der Verkehrsgefahren vermitteln. Sie muß Angst nehmen und damit die Handlungsspielräume erweitern. Dies geschieht nicht durch Aussparen von Unfallszenen und Vermeiden von Verkehrsteilnahme, sondern durch die Schaffung von Selbstbewußtsein auf der Basis von Wissen und Können.

Das Prinzip Systematik und Konsequenz

Nur gelegentliche Einflußnahmen auf das Verkehrsverhalten von Kindern reicht nicht aus, sie verkehrstüchtig zu machen. Verkehrserziehung erfordert eine systematische Entwicklung des Verkehrssinns, des Verkehrswissens und der notwendigen Verkehrsfertigkeiten. Diese Entwicklung muß konsequent erfolgen, d. h. mit ständigen Wiederholungen unter aufbauenden Ansprüchen. Die im Sport bekannten Ausbildungsschritte gelten auch für die Verkehrserziehung: „Lernen", „Üben" und „Trainieren".

Das Prinzip Aktualität

Verkehrserziehung muß die Bedürfnisse des Kindes berücksichtigen und von Realsituationen ausgehen. Die aktuellen Bedürfnisse des Kindes beginnen mit dem Wunsch und der Notwendigkeit, zunächst das nähere Wohnumfeld zu Fuß zu erkunden. Diese Übungs- und Erfahrungsräume weiten sich zunehmend aus, wenn der selbständige Weg zum Kaufmann, zum Kindergarten, zur Schule, zum Sportplatz, zur Oma, zu Freunden aktuell wird. Verkehrserziehung, die sich an das Prinzip der Aktualität hält, fördert den Prozeß des Vertraut- und Bekanntwerdens mit dem unmittelbaren Wohn- und Lebensumfeld.

Das Prinzip Individualisierung und Sozialisierung

Das Kind ist ein Individual- und Sozialwesen. Als Individuum verfolgt es im Verkehr seine eigenen Interessen, die sich von denen der anderen unterscheiden, mit ihnen sogar kollidieren können. Andere Menschen können zu Konkurrenten, aber auch zu Partnern und in Notfällen zu Hilfspersonen werden. Diese Situation kann nicht nur bei Unfällen, sondern z. B. auch bei Schwierigkeiten im Straßenverkehr oder beim Verirren in eine unbekannte Gegend eintreten.

Verkehrserziehung soll beide Seiten der kindlichen Persönlichkeit fördern: Das Kind muß in die Lage versetzt werden, sich selbständig und selbstbewußt im Verkehr zu bewegen und dabei konsequent seine Verkehrsabsichten zu verfolgen. Es muß aber auch lernen, auf die anderen und ihre Absichten zu achten, Rücksicht zu nehmen und Verantwortung für sich und die anderen mitzutragen.

Didaktische Hinweise zur konkreten Bildgeschichte

Die nachfolgenden didaktisch-methodischen Hinweise beziehen sich konkret auf die Bildgeschichte „Strubbel komm mit!". Sie sollen zeigen, wie die personalen Fähigkeiten des Kindes für ein angemessenes Verhalten im Straßenverkehr gefördert werden können.

Erziehung und Selbständigkeit

Das Ziel vorschulischer Verkehrserziehung ist primär immer die selbständige Teilnahme am Straßenverkehr. Um dieses Ziel zu erreichen, ist es wichtig zu wissen, daß Verkehrserziehung nicht erst sechs Wochen vor Schuleintritt beginnen kann, sondern schon bei dem Erwerb von Grundfertigkeiten ansetzen muß.

Ein wichtiger Schritt ist, das Kind zu einem selbstbewußten, selbständigen Menschen zu erziehen, der eigenverantwortlich Entscheidungen treffen kann. Kinder, die nicht selbständig Entscheidungen treffen können, sind auch nicht oder nur schwer in der Lage zu entscheiden, wann sie über die Straße gehen sollen. Es ist darum wichtig, dies im ständigen Üben zu lernen.

Die Entwicklung zur Selbständigkeit umfaßt zum einen alltägliche Aufgaben, die das Kind ohne Unterstützung Erwachsener ausführen kann und tatsächlich ausführt. Im alltäglichen Miteinander erfahren Kinder durch selbständiges Handeln, daß sie vieles schon können, obwohl sie noch „klein" sind. Situationen, wie z. B. die Mithilfe beim Decken des Frühstückstisches, sich allein anziehen und die Kleidung selbst auswählen, stärken das Selbstwertgefühl des Kindes. Zum anderen umfaßt sie die Fähigkeit des Kindes, eigene Ziele zu setzen und Entscheidungen zu treffen, die der Situation angemessen sind.

Kinder sollten immer wieder zu selbständigem Handeln ermutigt werden, um ihnen das Vertrauen in die eigenen Fähigkeiten zu geben.

Verhalten auf dem Gehweg

Das Üben von richtigem Verhalten auf dem Gehweg scheint eher nebensächlich zu sein, da der Gehweg auf den ersten Blick keine offensichtlichen Gefahren birgt. Dennoch ist es gefährlich für Kinder, nahe am Bordstein zu gehen. Wenn sie abgelenkt werden und sich losreißen, sind sie mit einem einzigen Schritt auf der Straße. Kinder müssen also lernen, möglichst weit weg vom fließenden Verkehr zu gehen.

Ein- und Ausfahrten, parkende Autos, Fußgänger, radfahrende Kinder sind wichtige Aspekte, auf die ein Kind hingewiesen werden muß, damit es sich vorausschauend und rücksichtsvoll auf dem Gehweg verhalten kann. Übungen zur visuellen und akustischen Wahrnehmung, aber auch Spiele, die das Sozialverhalten fördern, können dazu beitragen.

An der Ampel

Die Ampel bietet eine ziemlich sichere Überquerungshilfe. Kinder im Vorschulalter kennen in der Regel die Bedeutung des grünen und des roten Männchens. Sprüche wie „Beim roten Männchen mußt du stehen, beim grünen Männchen sollst du zügig gehen" sind mit Vorsicht zu genießen.

Bevor die Straße überquert wird, sollten Kinder vor dem Bordstein stehenbleiben, nach links und rechts schauen, den Blickkontakt zum Autofahrer (nicht zum Auto!) herstellen, um sicher zu gehen, daß die Autos halten. Auch auf der Straße müssen sie auf Autofahrer achten. Problematisch ist, wenn die Ampel von Grün auf Rot umschaltet, während Kinder mitten auf der Straße sind. Hier ist wichtig, daß Kinder wissen, daß sie auf jeden Fall weitergehen und nicht stehenbleiben oder zurücklaufen sollen. Sinnvoll ist in diesem Zusammenhang, mit Kindern einmal verschiedene Ampelanlagen zu beobachten. Hierbei können sie sehen, daß beim Umschalten von Grün auf Rot die Rotphase für Autofahrer noch andauert, so daß genügend Zeit bleibt, die Straße zu Ende zu überqueren. Schwierig wird es an Einmündungen und Kreuzungen mit Ampelregelung, wenn abbiegende Autofahrer nicht auf Fußgänger achten. Bei Ampelanlagen an Kreuzungen wird klar, daß ein Teil der Autofahrer auch Grün bekommt, also auf abbiegende Autofahrer besonders geachtet werden muß.

Die an der Ampel entstehenden Wartesituationen sind für Kinder in der Regel schwer auszuhalten. Erwachsene sollten grundsätzlich nicht bei Rot die Straße überqueren. Durch ihr schlechtes Vorbild löschen sie das richtige und lang aufgebaute Verhalten. Denn, wenn Erwachsene dies tun, kann eine Regelübertretung nicht so schlimm sein.

Sinn und Unsinn von Verkehrsschildern

Für den Erwachsenen sind Verkehrsschilder wichtig, weil sie von ihm und für ihn gemacht worden sind. Die meisten Verkehrsschilder sind für Autofahrer von Bedeutung, nur wenige für Radfahrer und Fußgänger und somit auch für Kinder. Man sollte sich einmal Gedanken darüber machen, wozu ein Kind die Bedeutung einer Vorfahrtstraße oder einer 10 % Steigung kennen muß. Sicherlich gibt es einige Verkehrsschilder, die Kindern weiterhelfen könnten, doch sind diese nicht in deren Blickhöhe angebracht. Fragt man Kinder, welche Verkehrsschilder sie kennen, dann sind es die, die ihnen durch das Mitfahren im Kraftfahrzeug häufig begegnet sind.

Schaut man sich Spiele zur Verkehrserziehung an, findet man dort viele Spiele, die sich mit Verkehrsschildern beschäftigen und diese zum hauptsächlichen Bestandteil der Verkehrserziehung machen. Verkehrserziehungsspiele, auf denen Verkehrsschilder abgebildet sind, leisten aber keinen konstruktiven Beitrag zur Verkehrserziehung. Um die Aufmerksamkeit von Kindern zu schulen und ihnen beizubringen, sich auf wesentliche Dinge zu konzentrieren, ist es wichtig, überhaupt Spiele zu spielen (z. B. Memory). Dennoch können Spiele nicht das Üben in der Verkehrswirklichkeit ersetzen, da sie kaum verhaltensbildend sind. Kinder sind nur dann in der Lage ihr Verhalten auf den Straßenverkehr zu übertragen, wenn wesentliche Elemente des Straßenverkehrs in den Spielen/Übungen enthalten sind. Dazu gehören Verkehrsschilder nicht.

Am Zebrastreifen

Der Zebrastreifen bietet nur eine scheinbar sichere Überquerungshilfe. Viele Auto- und Motorradfahrer halten sich nicht daran, daß Fußgänger Vorrang haben. Der Umgang mit dem Zebrastreifen fällt Kindern deshalb besonders schwer, weil Autofahrer Fußgänger entweder nicht bemerken oder trotz Anzeigen der Überquerungsabsicht weiterfahren. Die Anforderungen an ein Kind sind aber nicht nur aus diesem Grund sehr hoch. Daher ist es notwendig, den richtigen Umgang mit dem Zebrastreifen immer wieder zu üben und auf die Gefahrenquellen hinzuweisen. Als erstes müssen Kinder lernen, ihre Überquerungsabsicht deutlich zu machen. Ein Handzeichen ist hierbei ein gutes Hilfsmittel. Das allein reicht nicht. Wichtig ist auch hier, daß Kinder lernen, den Kontakt zum Autofahrer (nicht zum Auto!) aufzunehmen und seine Absichten zu erkennen. Erst wenn alle Fahrzeuge stehen, auch die nachfolgenden und der Gegenverkehr, sollten Kinder die Straße betreten und sich auf der Fahrbahnmitte nochmals nach beiden Seiten umsehen. Denn leider passiert es immer wieder, daß Fahrzeuge, die vor dem Zebrastreifen halten, überholt werden, obwohl es verboten ist. Das ist einer von vielen Gründen, weshalb der Zebrastreifen kritisch zu betrachten ist.

Überqueren einer Straße mit Sichthindernis

Das Überqueren einer Straße ohne Sichthindernis ist sicherlich eine in der Großstadt nicht so häufig vorkommende Situation. Kinder sollten dennoch erst einmal an Straßen ohne Sichthindernis üben. Da Kinder aufgrund ihrer Entwicklung ein stehendes von einem fahrenden Fahrzeug nicht unterscheiden können, ist es für sie nur möglich die Straße zu überqueren, wenn tatsächlich kein Fahrzeug zu sehen ist. In der Übungssituation sollte dem Kind die Entscheidung über den Zeitpunkt des Überquerens nicht abgenommen, sondern unterstützend in die Situation eingegriffen werden. Kinder haben nicht nur ein mangelndes Geschwindigkeitsgefühl, sie sehen auch anders als Erwachsene. Ihr Blickwinkel ist eingeschränkt und somit müssen sie den Kopf viel weiter drehen, um genau soviel sehen zu können wie Erwachsene. Auch die Fähigkeit des differenzierten Hörens ist noch nicht vollständig ausgebildet. Kinder können z. B. die Richtung eines herannahenden Fahrzeuges nur schwer bestimmen. Ihre gesamte Wahrnehmung ist auf ihr Interesse an einer Sache ausgerichtet. Der Ruf eines Freundes von der anderen Straßenseite, lenkt das Interesse weg vom eigentlichen Verkehrsgeschehen. Möglicherweise läuft das Kind über die Straße, ohne auf den Verkehr zu achten.

Das Überqueren einer Straße mit Sichthindernis ist schwieriger, da das Kind aufgrund seiner Körpergröße nicht über parkende Fahrzeuge hinwegsehen kann. Zunächst sollten Kinder bis zum Bordstein gehen und sich davon überzeugen, daß die parkenden Fahrzeuge auch wirklich stehen und nicht gerade anfahren wollen. Erst dann können sie bis zur Sichtlinie vorgehen, also soweit, daß sie die Fahrbahn zu beiden Seiten einsehen können. Diese Sichtlinie sollte Kindern als „zweiter Bordstein" in Fleisch und Blut übergehen. Die noch egozentrische Sicht hindert das Kind daran, Situationen aus einer anderen Sicht als der eigenen zu beurteilen. Bis zum Alter von sieben Jahren ist ein Kind schwer in der Lage, sich z. B. in die Rolle eines Autofahrers hineinzuversetzen. So sind Kinder der Meinung, wenn sie zwischen zwei parkenden Fahrzeugen stehen, daß der Autofahrer sie sehen kann, wenn sie selbst das Auto sehen. Beobachtungs- und Reaktionsspiele mit wechselnden Rollen können die Fähigkeit zur Perspektivenübernahme unterstützen und zur Einschätzung der Gefahrenquellen beitragen.

Kinder sollten nach einer gewissen Übungsdauer auch einmal die Gelegenheit haben, die Bewältigung eines Weges, wie z. B. zum Einkaufen, in einem Rollentausch zu erleben. Hierbei übernimmt das Kind die Rolle des Erwachsenen und umgekehrt. So hat man die Kontrolle darüber, welches Verkehrsverhalten das Kind bis zu diesem Zeitpunkt erlernt hat und wo noch Hilfen nötig sind. Diese Art der Verkehrserziehung macht Kindern Spaß und ist nicht als Übungssituation zu erkennen.

Mobilitätserziehung

Alle diese Bereiche, die mit Kindern im Straßenverkehr geübt werden können, sind in letzter Konsequenz kein Garant dafür, Kinder bei der selbständigen Teilnahme am Straßenverkehr vor unvorhersehbaren Risiken schützen zu können. Um dieses zu erreichen, müßten wir die Welt vollständig verändern und die wachsende Mobilisierung abbrechen. Letztendlich können sich Kinder nur selbst schützen, indem sie lernen, ihre Umwelt bewußt wahrzunehmen, ihre Sinne zu schärfen, schnell zu reagieren und der Situation angemessen zu handeln.

Die Fähigkeit zur Teilnahme am Straßenverkehr hängt also von vielen Faktoren ab. Notwendig sind nicht nur die Beherrschung von Verkehrsregeln, genügende Aufmerksamkeit, vorhandene Übersicht über das Verkehrsgeschehen oder Selbstkontrolle, sondern auch eine ausreichend ausgebildete Motorik und Sensorik. Aufgrund z. B. eines wahrgenommenen Hindernisses oder eines kreuzenden Verkehrsteilnehmers müssen Kinder ihre Bewegungen abrupt abstoppen oder ihre Richtung ändern. Die akustische und optische Orientierung ist ebenso wichtig wie ein sicheres Gleichgewicht oder die Fähigkeit, komplexe Bewegungsmuster fehlerfrei auszuführen.

Kinder bewegen sich heutzutage nicht nur als Fußgänger, sondern auch recht früh mit dem Fahrrad oder mit Inline-Skatern. Das Kind lernt nur situationsangemessen Radfahren durch Übungs- und Erprobungsmöglichkeiten. Diese motorischen Fähigkeiten reifen nicht mit zunehmendem Alter automatisch heran.

Es gibt unterschiedliche Fahr- und Rollgeräte, die auf Kinder faszinierend wirken. Diese sollten den Kindern nicht verwehrt werden, da wesentliche Grunderfahrungen hinsichtlich der Raumorientierung und des Gleichgewichts gemacht werden können. Kinder erleben Geschwindigkeit und lernen spielerisch sie einzuschätzen.

Fazit

Kinder sind nicht die Verursacher von Verkehrsrisiken, sondern deren Opfer. Sie sind im Straßenverkehr durch Unfälle bedroht, und ihre Erlebnis- und Spielräume werden durch den immer stärker zunehmenden Autoverkehr erheblich eingeschränkt. Das Thema „Kinder im Verkehr" ist in der Bundesrepublik noch völlig unbewältigt. Sicherheit im Verkehr ist nichts, was man Kindern einfach abverlangen kann, weil Kinder sich eben entsprechend ihrer Entwicklung nicht immer und überall verkehrsgerecht verhalten können. Es ist vielmehr Aufgabe der Erwachsenen, ihnen ein sicheres Umfeld zu schaffen. Das erfordert eine völlig neu konzipierte Verkehrserziehung, die nicht mehr ihren Schwerpunkt in der Vermittlung von Regeln und Vorschriften sieht, sondern auf die Erziehung zur Selbständigkeit und sozialen Kompetenz ausgerichtet ist. Zeitgemäße Verkehrserziehung versteht sich primär als „Mobilitätserziehung" und muß Kindern Spaß machen. Sie muß deshalb so früh wie möglich beginnen und ist eine zentrale Aufgabe von Eltern, Kindergarten und Schule. Entscheidend ist dabei, daß die Kinder sich vor Ort den öffentlichen Raum aneignen, um ihn in ihr Leben zu integrieren. So besteht die Chance, Verbindungen herzustellen zwischen drinnen und draußen. Die Kinder lernen dann Zusammenhänge so zu erfahren, indem sie sich mitten in den öffentlichen Raum hineinbegeben und sicher werden. Dieser allmähliche Prozeß des Vertraut- und Bekanntwerdens mit der eigenen Wohn- und Lebenswelt befähigt sie schließlich, Eigenverantwortung zu übernehmen. Was bleibt, ist, daß wir Erwachsenen uns weiterhin mit diesem Thema beschäftigen müssen. Es ist noch mehr Engagement von Nöten, um Kindern und Jugendlichen sichere Erlebnis- und Spielräume zu ermöglichen.

Kinder sind das Wertvollste was ein Land besitzt, das Ziel, sie zu erhalten, rechtfertigt jeden Preis!

Kontaktadressen

Ansprechpartner für Verkehrssicherheit

Deutsche Verkehrswacht e. V.
Am Pannacker 2
53340 Meckenheim
Tel.: 0 22 25/8 84–0

Deutscher Verkehrssicherheitsrat DVR
Beueler Bahnhofsplatz 10
53222 Bonn
Tel.: 02 28/4 00 01–0

Allgemeiner Deutscher Fahrradclub e. V.
ADFC
Postfach 107747
28077 Bremen

Bundesministerium für Verkehr
Robert-Schumann- Platz 1
53175 Bonn

VSP- Zentrale
Agentur Dr. Courts KG
Hermann-Josef-Schmitt-Straße 2
50827 Köln
Tel.: 02 21/59 10 18

Bundessprecherin Vorschulparlament
Dortmund
c/o Annegret Krauskopf MdL
Rahmerstraße 251
44369 Dortmund
Tel: 02 31/9 67 20 77

ACE Auto Club Europa e. V.
Referat VS/S
Schmidener Str. 233
70374 Stuttgart
Tel.: 07 11/53 03–0

ADAC-Zentrale
Am Westpark 8
81373 München
Tel.: 0 89/76 76–0

Arbeitsgemeinschaft
Deutscher Verkehrserzieher e. V. (ADV)
Im Ostkamp 6
31246 Lahstedt
Tel.: 0 51 72/20 31

Automobilclub von Deutschland (AVD) e. V.
Lyoner Str. 16
60528 Frankfurt
Tel.: 0 69/66 06–0

Evangelisch-Katholische Aktions-
gemeinschaft für Verkehrssicherheit
c/o Bruderhilfe-Akademie für Verkehrssicherheit
Kölnische Str. 108 – 110
34119 Kassel
Tel.: 05 61/78 81–0

Kraftfahrer-Schutz (KS) e. V.
Uhlandstr. 7
80336 München
Tel.: 0 89/5 39 81–0

Automobilclub KVDB e. V.
Oberntieferstr. 20
91438 Bad Windsheim
Tel.: 0 98 41/4 09–0

Adressenverzeichnis Verkehrserziehung

Verkehrsinstitutionen

Deutsche Verkehrswacht e. V., Postfach 1129, Am Pannacker 2, 53340 Meckenheim

Landesverkehrswachten

Landesverkehrswacht Baden-Württemberg e. V., Feuerseeplatz 14, 70176 Stuttgart

Landesverkehrswacht Bayern e. V., Ridlerstr. 35a, 80339 München

Landesverkehrswacht Berlin e. V., Hohenzollerndamm 196, 10713 Berlin

Landesverkehrswacht Brandenburg e. V., Am Bassin 8, 14467 Potsdam

Landesverkehrswacht Bremen e. V., Hollerallee 6, 28209 Bremen

Landesverkehrswacht Hamburg e. V., Großmannstr. 210, 20539 Hamburg

Landesverkehrswacht Hessen e. V., Walldorfer Str. 4-6, 60598 Frankfurt a.M.

Landesverkehrswacht Mecklenburg-Vorpommern e. V., Dorfstr. 5, 19073 Stralendorf

Landesverkehrswacht Niedersachsen e. V., Arnswaldstr. 16, 30159 Hannover

Landesverkehrswacht Nordrhein-Westfalen e. V., Friedenstr. 4, 40625 Düsseldorf

Landesverkehrswacht Rheinland-Pfalz e. V., Bahnhofsplatz 2, 55116 Mainz

Landesverkehrswacht Saar e. V., Bismarckstr. 126, 66121 Saarbrücken

Landesverkehrswacht Sachsen e. V., Borsbergstr. 14, 01309 Dresden

Landesverkehrswacht Sachsen-Anhalt e. V., Große Klosterstraße, 39104 Magdeburg

Landesverkehrswacht Schleswig-Holstein e. V., Auguste-Viktoria-Str. 14, 24103 Kiel

Landesverkehrswacht Thüringen e. V., Warschauer Str. 14, 99089 Erfurt

Literaturverzeichnis und Arbeitsmaterialien

Barth, H.D.: Kinder haben keine Bremse. Verkehrserziehung für Kinder ab 3 Jahren. Falken-Bücherei 1994

Bleyer, G.: Kind und Umwelt im Verkehr. Hrsg. Behörde für Schule, Jugend und Berufsbildung, Hamburg 1996

Bort-Gsella, Wolfgang: Lebendige Elternarbeit. Ökotopia-Verlag

Das Kindergartenprogramm „VERKEHRSERZIEHUNG", (GHS) Gesellschaft zur Hebung der Sicherheit im Straßenverkehr mbH (ISBN 3-927782-06-8), Braunschweig und Meckenheim 1996, 2. Auflage

Das „move it"-Buch, (GHS) Gesellschaft zur Hebung der Sicherheit im Straßenverkehr mbH (ISBN 3-927782-09-2), Meckenheim 1996, 1. Auflage

Deutscher Verkehrssicherheitsrat e. V. (Hrsg.): Kinder sehen und verstehen. Bonn 1991

Kiphard, E. J.: Motopädagogik. Dortmund 1984.
Das Buch bietet umfangreiche Informationen und Übungsbeispiele zur Entwicklung der Wahrnehmungsfunktionen und der Bewegung im Vorschulalter (192 Seiten)

Haak, E.: Kinder haben Vorfahrt. Aktions- und Informationsbuch zum Thema Verkehr. Elefanten-Press 1995

Jäckel, K.: Mein Kind sicher im Verkehr. Situationen richtig einschätzen. Gefahren erkennen, Unfälle vermeiden. 1992

Koch, H. (Hrsg.): Die neue Verkehrserziehung. München 1991

Lebensraum Kindergarten – Pädagogische Anregungen für Ausbildung und Praxis. Herder/Kaufmann, Freiburg/Lahr 1983

Leupold, E.M.: Handbuch der Gesprächsführung. Herder-Verlag, Freiburg i.Br. 1995

Lüber, R.: Tag und Nacht, Licht und Schatten: Der Verkehr. Feste und Feiern, Stichwort Planung. Herder-Verlag 1995

Rudolf, A.; Warwitz, S.: Spielen – neu entdeckt. Freiburg, Basel, Wien 1982.
Das Taschenbuch liefert Informationen über die Spielbedürfnisse von Kindern und die Aufforderungen der Umwelt zum Spielen. Es zeigt, wie einfache Impulse von Gelände, Spielgerät, Materialien, eigenem Körper oder Mitspielern Spiele in Gang bringen und in Gang halten können (127 Seiten).

Stöppler, R.: Vekehrserziehung bei geistig Behinderten. In: Verkehrswacht Hamburg e.V. (Hrsg.): 1988.

Stöppler, R.: Zur Begründung der Verkehrserziehung geistig Behinderter. In: evangelischer Arbeitskreis für Jugendschutz (Hrsg.)

Warwitz, S.: Das Fußgängerdiplom – ein Beispiel handlungsorientierter Verkehrserziehung. Lehrerheft. Karlsruhe 1990.
Das broschierte Begleitheft zu dem gleichnamigen Medienpaket beschreibt und kommentiert den realen Ablauf eines Unterrichtsversuchs nach dem Karlsruher Modell (50 Seiten).

Warwitz, S.: Verkehrserziehung vom Kinde aus. Wahrnehmen – Spielen – Denken – Handeln. Schneider Verlag, Hohengehren 1993

BASt (Hrsg.); Neumann-Opitz, Nicola (Verf.): Außerschulische Verkehrserziehung in Ländern Europas/Berichte der BASt, Mensch und Sicherheit, H. M 54, 1996. Bergisch Gladbach: Wirtschaftsverlag NW 1996

Deutsche Verkehrswacht (Hrsg.): Die neue Verkehrserziehung in der Schule. Kommentar zur Empfehlung der Kultusministerkonferenz vom 17.6.1994. Meckenheim 1995

Gesellschaft zur Hebung der Sicherheit im Straßenverkehr mbH (Hrsg.); Deutsche Verkehrswacht (Verantw.): Gesamtkatalog Verkehrserziehung. Ausgabe 1995. Meckenheim 1995

BASt (Hrsg.); Heinrich, Hanns Ch. (Verf.); Seliger, Annemarie (Verf.): Lehrpläne zur schulischen Verkehrserziehung. Dokumentation. Berichte der BASt, Mensch und Sicherheit, H. M 22, 1993. Bergisch Gladbach: Wirtschaftsverlag NW 1993

Arbeitsgruppe „Verkehrserziehung und Bewegungssicherheit" der Deutschen Verkehrswacht (Bearb.); Kraft, Martin (Red.); Deutsche Verkehrswacht e. V. (Hrsg.): Das ‚move it'-Buch. Spiele und Übungen zur Förderung der Bewegungssicherheit für Kinder im Kindergarten- und Grundschulalter. 2. überarb. Auflage Meckenheim: Verlagsges. der Deutschen Verkehrswacht e. V. 1997
Dazu gibt es noch die ‚move it'-Box, die zahlreiche Spiel- und Übungsgeräte in mehrfacher Ausführung enthält. Diese Box ist besonders geeignet für größere Gruppen.

Berufsverband Deutscher Psychologinnen und Psychologen e. V. BDP (Hrsg.); Drewe, Hans-Werner (Red.); Wrobel, Dieter (Verf.): Psychologen fordern kindgerechte Verkehrsplanung und neue Akzente in der Verkehrserziehung. Kinder sind die Verlierer der mobilen Gesellschaft./Informationen Deutscher Psychologen, 21.3.1997. Bonn, März 1997

Verkehrsclub Deutschland VCD e. V. (Hrsg.); Spitta, Philipp (Verf.): Vorfahrt für Kinder! Mobilitätserziehung in Grundschule und Hort. VCDmaterialien, 1997. Bonn, Okt. 1997

DVR 1990 (Hrsg.): Verkehrserziehung behinderter Kinder und Jugendlicher. Bonn (Selbstverlag)

Stoll & Fischbach GmbH (Hrsg.): Kids on Bikes – Sicher auf 2 Rädern. Herrenberg 1996

Strecker, Dieter (Verf.); Waldmann, Werner (Bearb.): Kinderunfälle. Erkennen, vorbeugen, helfen. Weinheim; Basel: Beltz Verlag 1994

Strecker, D.; Bonz, L.E. (Hrsg.): Verkehrserziehung für 3–10jährige. Ein Ratgeber für Eltern und Erzieher. 1993

❏ *FILME UND VIDEOS*

Wir wollen, daß Sie gut ankommen, Filme zur Verkehrssicherheit. MEDIATHEK Filmkatalog, DEA MEDIATHEK der Deutschen Verkehrswacht (Hrsg.) Am Pannacker 2, 53340 Meckenheim bei Bonn, Tel: 0 22 25/18 84–81/80, 6. Auflage Januar 1998

Tiger und Bär im Straßenverkehr + Der kleine Tiger braucht ein Fahrrad. In: Verkehrserziehung Medienkatalog, 97, Rot-Gelb-Grün Verlag, beide Filme auf einem Video Best.-Nr. 16422

❏ *KASSETTEN*

Hören und Reagieren im Verkehr. In: Verkehrserziehung Gesamtkatalog 1997, (GHS) Verlagsgesellschaft der Deutschen Verkehrswacht. Die Lern- und Übungskassette mit allen Verkehrsgeräuschen wird von einem dazugehörigen Mal- und Arbeitsheft ergänzt. Kassette: Best.-Nr. 7040, Begleitheft zur Kassette – einzeln: Best.-Nr. 7042

Nanu, nana – was hör ich da? Spiele – Übungen – Hörgeschichten. In: Verkehrserziehung Medienkatalog, 97, RRG Verlag. 2 Kassetten, 1 Buch: Best.-Nr. 16220

Vorfahrt für Kinder. Lieder zur Verkehrserziehung von Volker Posin. In: Verkehrserziehung Medienkatalog, 97, RGG Verlag. Musikkassette: Best-Nr. 15776, Liederbuch: Best.Nr. 15610

Rolfs neue Schulweg-Hitparade – Mehr Lieder, mehr Spaß, mehr Verkehrssicherheit. In: Verkehrserziehung Medienkatalog, 97, RGG Verlag. Musikkassette: Best-Nr. 15522, Rolfs Kinderliederbuch: Best-Nr. 15524

Im Straßenverkehr – und noch viel mehr, mit Rainer Niersmann. Time Sound Publishing, Klaus Bienefeld, Ringweg 80, 47603 Geldern/Walbeck, Tel.: 0 28 31/8 71 73, 1994 Diese Kassette ist eine bunte Mischung der verschiedensten Musikrichtungen und der vielfältigsten Themen. Best.-Nr.: TSR-003-4

Die Kinder-Spiele-Parade mit Rainer Niersmann. Time Sound Publishig, o.g. Adresse: Eine Kassette zum Mitmachen. Best.-Nr.: TSR-002-4. Beide Kassetten gibt es auch zusammen auf einer CD. Best.-Nr.: TSR-008-2. Zu der Kassette „Im Straßenverkehr und noch viel mehr" gibt es einen Liederband, Kontaktadresse: Rainer Niersmann, Gelderner Straße 160, 47623 Kevelaer, Tel.: 0 28 32/4 03 69

❏ *BILDERBÜCHER*

Janosch: Tiger und Bär im Straßenverkehr, Diogenes Verlag AG, Zürich 1990

Ali Mitgutsch: Rundherum in meiner Stadt, Otto Maier Verlag Ravensburg

Ali Mitgutsch: Bei uns im Dorf, Otto Maier Verlag Ravensburg

❏ *MEDIENKATALOGE*

Verkehrserziehung Gesamtkatalog 1997, (GHS) Gesellschaft zur Hebung der Sicherheit im Straßenverkehr mbH, Verlagsgesellschaft der Deutschen Verkehrswacht e. V., Am Pannacker 2, 53340 Meckenheim

Verkehrserziehung Medienkatalog, 97, Rot-Gelb-Grün Lehrmittel GmbH & Co.Verlagsgesellschaft, Postanschrift: Postfach 3922, 38029 Braunschweig, Tel:05 31/8 09 07–0

❏ *SONSTIGE LITERATUR UND INFORMATIONEN*

Rhinozeros Verlag, Viehofer Platz 1, 45127 Essen

RGG Lehrmittel. Theodor Heuss- Str. 3, 38122 Braunschweig. Tel.: 05 31/80 90 70

Spezielle Programme zur Verkehrserziehung

DVR-Programm „Kind und Verkehr"

Zielgruppe
Das Programm „Kind und Verkehr" ist ein seit 1978 bestehendes Programm des Deutschen Verkehrssicherheitsrates. Es zielt darauf ab, den Straßenverkehr für Kinder sicherer zu machen. „Kind und Verkehr" ist ein Programm für Erwachsene.

Inhalte und Umsetzung
Die Umsetzung geschieht durch Zielgruppenmaßnahmen, Öffentlichkeitsarbeit und Elternveranstaltungen. Das Programm setzt sich zusammen aus Bausteinen zu folgenden Themen:
- Kind als Fußgänger
- Kind als Radfahrer
- Kind als Mitfahrer
- Für türkische Eltern

Information über das Verhalten von Kindern
- Die meisten Verkehrsteilnehmer wissen wenig darüber, wie Kinder den Straßenverkehr erleben. Dies ist eine von mehreren Ursachen für falsches Verhalten gegenüber Kindern.
- Die Verkehrsteilnehmer sollen daher lernen, unnötige Gefährdungen von Kindern zu vermeiden, indem sie ihren Fahrstil anpassen durch:
  – erhöhte Aufmerksamkeit
  – Bremsbereitschaft
  – Verminderung der Geschwindigkeit.

Anpassung des Verkehrssystems
- Auf verschiedenen Wegen versucht „Kind und Verkehr" eine Umgestaltung des Straßenverkehrssystems voranzutreiben.
- Die Sicherheit von Kindern kann erhöht werden durch:
  – rechtliche,
  – fahrzeugtechnische,
  – verkehrsregelnde und
  – verkehrsplanerische Maßnahmen.
- Der Verkehrsraum ist noch weitgehend auf die Bedürfnisse von Autofahrern und die Fähigkeiten von Erwachsenen zugeschnitten. Bei der Regelung und Planung des Verkehrs müssen Kinder stärker als bisher Berücksichtigung finden.
- Maßnahmen zum Schutz von Kindern müssen „vor Ort" geplant und umgesetzt werden. Neben den politisch Verantwortlichen sollten dabei auch Eltern und Erzieher aktiv werden. „Kind und Verkehr" bietet beiden Gruppen Entscheidungshilfen an.

- Die Broschüre „Tatsachen – Sicherheit für Kinder im Straßenverkehr" informiert Fachleute in Städten und Gemeinden.
- Die Elternbroschüre „Initiativen" gibt Eltern Tips und Hinweise.

Eltern als Verkehrserzieher
- Wichtiger Bestandteil des Programms ist die Elternbildung.
- Die Erwachsenen werden aufgeklärt über die Bedeutung ihres eigenen Verhaltens als Vorbild für kindliches Verhalten.
- „Kind und Verkehr" gibt Eltern Hilfestellung für die Verkehrserziehung ihrer Kinder, zur Beaufsichtigung und zur Festlegung von sicheren Spielbereichen.

Elternveranstaltungen
- Zu diesem Zweck führen etwa 2.000 speziell ausgebildete Moderatoren aus dem Kreis der Mitgliedsorganisationen des DVR Veranstaltungen zu folgenden Themen durch:
  - Kinder als Fußgänger,
  - Kinder als Radfahrer und
  - Kinder als Mitfahrer.
- Um den besonders hohen Unfallzahlen ausländischer Kinder zu begegnen, wurden im Programm 200 türkische Moderatoren ausgebildet, die jährlich Elternveranstaltungen durchführen.
- 1990 wurde ein neues Programm „Verkehrserziehung behinderter Kinder und Jugendlicher" gestartet.

Vorschulparlamente

Sind freiwillige Zusammenschlüsse von Eltern mit Kindern im Vorschulalter, Erzieher/Innen und Verkehrsfachleuten aus Verkehrswacht, Polizei und Straßenverkehrsämtern, die sich für die Verbesserung der Verkehrssicherheit von Kindern im Vorschulalter ehrenamtlich engagieren. Unter dem Motto „Einfälle gegen Unfälle" und „Kinder brauchen eine Lobby" arbeiten Vorschulparlamente bereits in 36 Städten.

Adressen:

Zentrale Organe

Deutsche Verkehrswacht e. V.
Andreas Zehnpfennig
53338 Meckenheim
Tel. 0 22 25/8 84 25

Daimler-Benz AG
Ingrid Heukemes
PR/UP – F505
70322 Stuttgart
Tel. 07 11/1 72 13 05

VSP-Zentrale, Agentur Dr. Courts KG
Hermann-Josef-Schmitt-Straße 2
50827 Köln
Tel. 02 21/59 10 18
Fax. 02 21/59 37 63

Die Vorschulparlamente

Bundessprecherin Vorschulparlament
Dortmund
c/o Annegret Krauskopf MdL
Rahmerstraße 251
44369 Dortmund
Tel. 02 31/9 67 20 77
Fax. 02 31/9 67 20 78

Region Nord
Regionalsprecherin Nord

Marita Gill (VSP Kassel)
Espenauer Straße 43
34246 Veilmar
Tel. 05 61/87 31 12 (dienstl.)
Tel. 05 61/9 82 37 30 (privat)
Fax. 05 61/9 82 37 31 (privat)

Vorschulparlament Berlin
Arbeitsgruppe Lichtenberg
Christiane Pöppel
Gubenerstraße 49
10243 Berlin
Tel. 0 30/55 17 02 68 (dienstl. ab13 Uhr)
Tel. 0 30/2 96 01 67 (privat)

Vorschulparlament Berlin
Arbeitsgruppe Neukölln
Ulrich Clemens
Buchsteinweg 12
12107 Berlin
Tel. 0 30/7 41 34 02

Vorschulparlament Braunschweig
Robert Dörge
Neue Schulstraße 28
38528 Adenbüttel
Tel. 05 31/4 76 10 84 (dienstl.)
Tel. 0 53 04/31 35 (privat)

Vorschulparlament Bremen
Axel Behme
Georg-Gröning-Straße 36
28209 Bremen
Tel. 04 21/34 10 64

Vorschulparlament Diepholz
Wolfgang Rehling
Polizei Diepholz
Dr. Klatte Str. 1
49356 Diepholz
Tel. 0 54 41/97 11 59 (dienstl.)
Fax. 0 54 41/97 11 50

Vorschulparlament Hannover
Ilka Dangl
Goldener Winkel 2
31319 Sehnde
Tel. 0 50 66/6 38 00 (dienstl.)
Tel. 0 51 38/47 76 (privat)

Vorschulparlament Kassel
Marita Gill
Espenauer Straße 43
34246 Vellmar
Tel. 05 61/87 31 12 (dienstl.)
Tel. 05 61/9 82 37 30 (privat)

Vorschulparlament Magdeburg
Brigitte Conradi
Curiestraße 38 d
39124 Magdeburg
Tel. 03 91/5 41 06 91 (dienstl.)
Tel. 03 91/2 54 03 32 (privat)

Vorschulparlament Rostock
Cathrin Dietz
Joliot-Curie-Allee 9
18147 Rostock
Tel. 03 81/68 27 49 (privat)

Region West
Regionalsprecherin West

Vorschulparlament Essen
Ute Zeise
Gneisenaustraße 4
45141 Essen
Tel. 02 01/8 83 90 53
Fax. 02 01/8 83 93 30

Vorschulparlament Aachen
Friedhelm Schepers
Annastraße 15
52062 Aachen
Tel. 02 41/4 32 68 01 (dienstl.)
Tel. 02 41/40 49 00 (privat)
Fax. 02 41/4 32 68 99

Vorschulparlament Bielefeld
Jörg-Uwe Wittler
Babenhauser Str. 18
33613 Bielefeld
Tel. 05 21/89 48 79 (dienstl.)
Tel. 05 21/29 52 03 (privat)

Vorschulparlament Dortmund
c/o Annegret Krauskopf MdL
Rahmerstraße 251
44369 Dortmund
Tel. 02 31/9 67 20 77
Fax. 02 31/9 67 20 78

Vorschulparlament Duisburg
Heinz Kiel
Christine-Bürger-Straße 2 a
47495 Rheinberg
Tel. 0 28 44/7 35 (privat)
Tel. 02 03/33 25 26 (dienstl.)

Vorschulparlament Essen
Ute Zeise
Gneisenaustraße 4
45141 Essen
Tel. 02 01/8 83 90 53 (dienstl.)

Vorschulparlament Kleve
Walter Hinke
Albersallee 95
47533 Kleve
Tel. 0 28 24/8 81 36 (dienstl.)
Tel. 0 28 21/2 79 14 (privat)

Vorschulparlament Minden-Lübbecke
Friedhelm Grannemann
Lagerstraße 19
32425 Minden
Tel. 05 71/4 40 55
Fax. 05 71/4 40 54

Vorschulparlament Mönchengladbach
Ursula Wiemer
Straßburger Allee 39 a
41199 Mönchengladbach
Tel. 0 21 66/60 95 17 (dienstl.)
Tel. 0 21 66/60 64 77 (privat)

Vorschulparlament Soest
Heinz Müller
Kolkstraße 1
59494 Soest
Tel. 0 29 21/6 11 81 (dienstl.)
Fax. 0 29 21/30 27 40

Region Südwest
Regionalsprecherin Südwest

Renate Knapp
(VSP Darmstadt)
Zwingenberger Straße 3
64342 Seeheim-Jugenheim
Tel. 0 62 57/76 79
Fax 0 62 57/44 63

Vorschulparlament Baden-Baden
Dietmar Frank
Postfach 1320
76502 Baden-Baden
Tel. 0 72 21/7 07 40 (privat)
Tel. 0 72 21/99 49 37 (dienstl.)
Fax. 0 72 21/99 49 36 (dienstl.)

Vorschulparlament Darmstadt
Renate Knapp
Zwingenberger Straße 3
64342 Seeheim-Jugenheim
Tel. 0 62 57/76 79
Fax. 0 62 57/44 63

Vorschulparlament Frankfurt
Ilsemarie Schneider
Tiberiusstraße 6
60439 Frankfurt
Tel. 0 69/57 43 54

Vorschulparlament Fulda
Gerhard Brink
Kürassierstr. 9
36041 Fulda
Tel. 06 61/10 51 21 (dienstl.)
Tel. 06 61/4 49 24 (privat)

Vorschulparlament Koblenz
Ludwig Ehre
Kreuzstraße 28
56341 Kamp-Bornhofen
Tel. 0 67 73/4 80 (privat)

Vorschulparlament Landau
Waltraud Baumann
Hinterstraße 10
76777 Neupotz
Tel. 0 72 72/7 18 96

Vorschulparlament Saarbrücken
Claus Holz
Brefelder Straße 29
66280 Sulzbach
Tel. 0 68 97/5 26 46 (privat)

Vorschulparlament Offenbach
Werner Lehnen
Hamburger Straße 82 b
63073 Offenbach
Tel. 0 60 23/91 31 18 (dienstl.)
Tel. 0 69/89 2 6 34 (privat)

Region Süd
Regionalsprecher Süd

Hermann Kuschel
Dachsweg 46
89278 Nersingen/Straß
Tel. 07 31/80 13-136 (dienstl.)
Tel. 0 73 08/53 96 (privat)

Vorschulparlament Augsburg
Johann Bleis
Hummelstraße 32 a
86156 Augsburg
Tel. 08 21/3 23 27 35 (dienstl.)
Tel. 08 21/40 38 61 (privat)

Vorschulparlament Dresden
Brigitta Ohneberg
Münzmeisterstr. 14
01217 Dresden
Tel. 03 51/25 22 61 (dienstl.)

Vorschulparlament Erfurt
Melitta Meyer
KITA 77
Karlsplatz 1
99195 Stottemheim
Tel. 03 62 04/7 04 64 (dienstl.)

Vorschulparlament Leipzig
Elke Franz
Brösener Straße 22
04539 Groitzsch
Tel. 03 42 96/4 26 47

Vorschulparlament München
Elfi Martini
Stiftsbogen 19
81375 München
Tel. 0 89/71 50 67 (privat)

Vorschulparlament Schweinfurt
Karl-Peter Müller
Schwemmweg 26
97493 Bergrheinfeld
Tel. 0 97 21/9 03 72 (privat)

Vorschulparlament Ulm
Renate Rechtsteiner
c/o Mercedes-Benz AG
Niederlassung Ulm/Neu-Ulm
Industriestraße 4
89231 Neu-Ulm
Tel. 07 31/70 02 01

Vorschulparlament Würzburg
Siegfried Heger
Flürleinstraße 12
97076 Würzburg
Tel. 09 31/20 24 25 (dienstl.)
Tel. 09 31/27 19 60 (privat)

Informieren Sie sich

jetzt und hier

über ausgewählte Themen.
Einfach Bestellkarte ausfüllen,
abtrennen und abschicken!

BESTELLKARTE

Ja, ich bestelle

☐ **„Mobilitätserziehung in Kindergarten und Grundschule"**
Ein Ratgeber zur zeitgemäßen Verkehrserziehung für Pädagogen und Eltern
Fachbuch mit Bilderbuchteil   Bestell-Nr.: 3892   Preis: DM 39,80

☐ **„Mutti, Vati, wo komme ich her?"**
Sexualerziehung in Familie, Kindergarten und Grundschule: ein Ratgeber für
Eltern und Pädagogen
Fachbuch mit Bilderbuchteil   Bestell-Nr.: 6587   Preis: DM 39,80

☐ **„Sexueller Mißbrauch von Kindern"**
Vorbeugen, erkennen, helfen
Broschüre   Bestell-Nr.: 6589   Preis: DM 29,80

☐ **„Fit durch gesunde Ernährung"**
Theoretische Grundlagen, praktische Anwendung
Broschüre   Bestell-Nr.: 3283   Preis: DM 29,80

Falls Bestell-

karte schon

vergriffen –

kein Problem!

Bestellen Sie unter:

0 82 33/23-444

„Mobilitätserziehung in Familie, Kindergarten und Grundschule"
Ein Ratgeber zur zeitgemäßen Verkehrserziehung für Pädagogen und Eltern
Fachbuch mit Bilderbuchteil   Bestell-Nr.: 3892   Preis: DM 39,80

„Mutti, Vati, wo komme ich her?"
Sexualerziehung in Familie, Kindergarten und Grundschule: ein Ratgeber für
Eltern und Pädagogen
Fachbuch mit Bilderbuchteil   Bestell-Nr.: 6587   Preis: DM 39,80

„Sexueller Mißbrauch von Kindern"
Vorbeugen, erkennen, helfen
Broschüre   Bestell-Nr.: 6589   Preis: DM 29,80

„Fit durch gesunde Ernährung"
Theoretische Grundlagen, praktische Anwendung
Broschüre   Bestell-Nr.: 3283   Preis: DM 29,80

Meine Anschrift

Name/Vorname

Name der Einrichtung/Schule

Funktion

Straße/Nr.

PLZ/Ort

Telefon   Fax

Bitte hier unterschreiben!

Datum   Unterschrift

Antwort

**WEKA Fachverlag
für Behörden
und Institutionen
Herrn Dr. Richard Spies
Postfach 12 09**

86426 Kissing

Bitte
ausreichend
frankieren,
falls Marke
zur Hand
oder faxen.

„Ich hätte nicht gedacht, daß
wir ein so vernünftiges
Mädchen haben" – sagt der
Vater zu Laura und umarmt sie.

Die Großmutter ruft Lauras
Eltern an, die gerade nach
Hause gekommen sind.
„Laura und Strubbel sind
bei mir, ihr könnt sie
später abholen."

„Hallo, ihr beiden. Ich habe schon auf euch gewartet. Wie war es denn so unterwegs?" Laura erzählt der Großmutter, daß die Eltern nicht wissen, wo sie mit Strubbel hingegangen ist.

Hier wohnt die Großmutter.
Laura muß sich mächtig
strecken, um die Klingel zu
erreichen. „Alles ist nur für
Erwachsene", sagt Laura.

„Weißt du was
Strubbel, Großsein ist
ganz schön
anstrengend!"

Der Weg zur
Großmutter ist
nun nicht mehr
weit. Strubbel
erledigt im
Park sein
Geschäft.

„Strubbel, hier müssen wir ganz besonders aufpassen. Hier parken viele Autos – und wir können nichts sehen. Wir gehen bis zum Ende dieses Autos und schauen nach beiden Seiten. Wenn die Straße frei ist, dann gehen wir rüber."

„Komm Strubbel,
da ist schon der
Park. Laß uns ein
Wettrennen machen."
Laura und Strubbel
laufen auf die große
Straße zu. Bremsen quietschen,
ein Auto hupt. Erschrocken zieht Laura
Strubbel auf den Gehweg zurück. „Puh, noch
mal Glück gehabt!"

Fröhlich gehen Laura und Strubbel auf dem Gehweg weiter. Sie können den Park schon sehen. Aber erst müssen sie noch eine große Straße überqueren.

Ein großes Auto hält. „Hier müssen wir gut aufpassen!"
– sagt Laura zu Strubbel. „Wir müssen nach beiden
Seiten schauen und gucken, ob uns der
Autofahrer auch sieht. Dann erst können
wir über die Straße gehen."

Laura und Strubbel nähern sich
dem Zebrastreifen. Strubbel
hebt sein Bein und pinkelt
an die Stange des
Verkehrsschildes.
Laura weiß nun,
warum die
Schilder auf
dem Gehweg
stehen.

Laura holt ihre Telefonkarte
aus dem Brustbeutel.
„Gott sei Dank weiß ich
Omas Telefonnummer
auswendig!" „Hallo Oma,
ich bin's, Laura. Strubbel
und ich wollen dich
besuchen." Die Großmutter
freut sich auf beide.

*Die Ampel ist grün. Laura und Strubbel
gehen über die Straße. „Strubbel,
sollen wir nicht Oma besuchen?
Dort drüben ist eine
Telefonzelle.
Wir werden sie
anrufen."*

Laura drückt auf den Ampelknopf.
„Schau Strubbel, einige Erwachsene
können nicht abwarten bis das grüne
Männchen kommt. Haben die das denn
gar nicht gelernt? Wir jedenfalls warten!"

Strubbel kann es kaum abwarten.
Nur mit Mühe kann sie ihn halten.
„Strubbel komm, wir gehen in den
Park, du kennst ja den Weg. Laß uns
an der Ampel über die Straße gehen."

Laura und
Strubbel spielen
mit dem Ball. Plötzlich
wird Strubbel unruhig und
winselt. „Was ist los Strubbel,
mußt du Gassi gehen?" Strubbel
kratzt an der Tür. Laura weiß, daß sie
– ohne ihre Eltern zu fragen – nicht alleine
nach draußen darf. Aber soll Strubbel in die
Wohnung machen? Sie zieht ihre Jacke an, nimmt
ihren Brustbeutel und Strubbels Hundeleine.

Laura soll mit ihren Eltern einkaufen
gehen. Lauras Hund „Strubbel"
kann nicht mitgehen. Er ist sehr
traurig. Laura und Strubbel sind gute
Freunde. Deshalb entschließt
sich Laura, Strubbel nicht allein zu
lassen. „Ich bleibe hier und spiele
mit Strubbel." Nach einigem hin
und her stimmen die Eltern zu und
gehen alleine einkaufen.

Willy Hane (Herausgeber),
Anja Krauskopf und Birgit Poschmann;
Illustrationen von Babs Krüger

„Strubbel komm mit!"

Eine Bildgeschichte zur Verkehrserziehung